감수 유정칠

경희대학교 생물학과를 졸업하고, 영국 옥스퍼드 대학교에서 동물생태학으로 박사 학위를 받았습니다.
경희대학교 자연사박물관장과 자연박물관협회 상임위원장을 역임하였으며, 현재 경희대학교 생물학과 교수이자
경희대학교 한국조류 연구소장, 국립공원을 지키는 시민의 모임 대표로 활동하고 있습니다.
저서로는 〈한강에서 만나는 새와 물고기〉, 〈두루미〉, 〈수리〉, 〈곰은 잘 먹어〉, 〈밤에 다니는 올빼미〉,
〈고양이는 재주가 많아〉 등이 있고 번역서로는 〈환경문제와 성경적 원리〉, 〈움직여 봐!〉, 〈조류대도감〉,
〈생명과학〉 등이 있습니다.

글 이희정

한신대학교 국어국문학과를 졸업하고 EBS에서 어린이 프로그램 방송 작가로 활동했으며,
현재는 동화 작가로 활동하고 있습니다.
작품으로는 EBS의 〈딩동댕 유치원〉, 〈쓱쓱 싹싹 그려요〉, 〈출동! 초록수비대〉 등
다수의 어린이 프로그램과 〈고고씽, 미국에 가다〉, 〈고고씽, 프랑스에 가다〉,
〈만화로 보는 국어왕의 단어 암기법〉 등 많은 작품이 있습니다.

그림 조성헌

계명대학교 서양학과를 졸업하고 현재 프리랜서로 활동하고 있습니다.
작품으로는 2003년 경주세계문화엑스포 천마의 꿈-기파랑전(3D애니메이션) 컨셉 디자인을 하였으며,
〈과학자가 되려면 태양보다 뜨거운 용기가 필요해!〉, 〈한 권으로 끝내는 과학 논술〉, 〈야호! 돈이다〉,
〈바퀴의 비밀〉, 〈설날과 명절〉 등의 작품이 있습니다.

+UP 자연속으로 친구야, 생일 축하해!

감수| 유정칠 글| 이희정 그림| 조성헌
펴낸이| 최학용 펴낸곳| 키즈탄탄 주식회사 출판등록| 제2022-000051호
주소| 서울특별시 금천구 가산디지털1로 30, 901호 TEL| 031-341-1025
홈페이지| www.tantani.com
편집| 이정순·오유리 교정| 박사례 디자인| 천현정·전경숙 조판| 민정희 포토 리서치| 김미영 시몽포토에이전시

사진제공
멀티비츠/GettyImagesKorea·유로크레온·타임스페이스·토픽포토에이전시

ISEN 979-11-93042-80-9 ISBN 979-11-982571-0-9 74400 (세트)

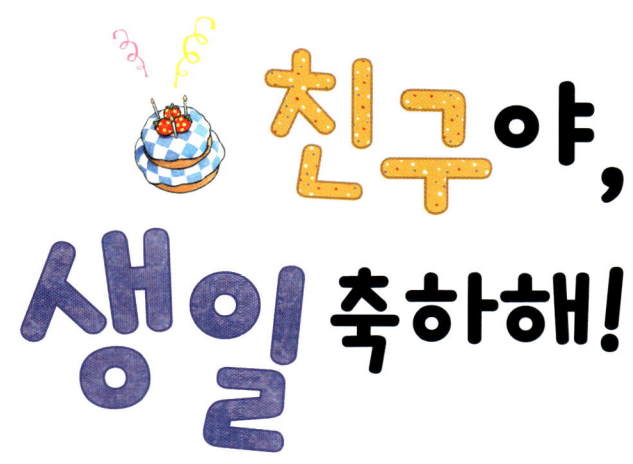

친구야, 생일 축하해!

감수 유정칠 | 글 이희정 | 그림 조성헌

여원키즈탄탄

"똑똑, 똑똑!"
"어, 누구지?"
잠꾸러기 송이는 누군가 창문을 두드리는 소리에 눈을 떴어요.
쌩쌩 찬바람이 부는 창밖에서 제비가 인사를 해요.
"송이야, 안녕?"
"안녕, 좋은 아침이야. 그런데 입에 물고 있는 게 뭐야?"
"토끼가 나한테 보낸 생일잔치 초대장이야."
"생일잔치 초대장? 와, 정말 재밌겠다."

"하지만 난 갈 수가 없어."

"왜?"

"날씨가 추워지기 시작해서 계속 있다간 얼어 죽을지도
몰라. 그래서 따뜻한 남쪽 나라로 가는 중이야.
송이야, 토끼네 집 주소가 있는 초대장을 줄 테니
네가 나 대신 토끼에게 선물 좀 전해 줄래?"

"내가? 저번에 네가 잃어버린 내 핀을 찾아 줬으니까
이번엔 내가 널 도와줄게."

"고마워, 송이야. 그럼 부탁할게."

제비는 송이에게 인사를 한 뒤, 남쪽으로 날아갔어요.

8

 제비는 추운 겨울을 어떻게 날까요?

제비는 추운 겨울이 오면 따뜻한 남쪽 나라로 날아가 그곳에서
겨울을 난 뒤, 이듬해 따뜻한 봄이 오면 다시 우리나라로 날아와요.
이렇게 봄에 우리나라로 와서 새끼를 키우고 가을에 떠나는 새를
여름 철새라고 해요.

날씨는 점점 더 추워졌고 마침내 토끼의 생일날이 되었어요.
송이는 제비가 준 초대장과 선물을 가지고 토끼네 집을 찾아갔어요.
"헉헉, 이제 거의 다 왔네!"
멀리 토끼네 집이 보였어요.
"흑흑흑!"
그런데 이상하게도 토끼네 집에서 울음소리가 났어요.

흑 흑 흑!

11

'왜 즐거운 생일날 울고 있을까? 무슨 일이지?'
송이는 고개를 갸웃거리며 문을 두드렸어요.
"똑똑똑!"
문 두드리는 소리에 토끼가 나왔어요.
"토끼야, 안녕? 난 송이야. 그런데 왜 울어?"
"훌쩍훌쩍, 아무도 안 와."
"아무도 오지 않다니, 그게 무슨 소리야?"

집 안으로 들어간 송이가 토끼에게 무슨 일인지 물었어요.
"맛있는 홍당무를 선물해 주겠다던 청서,
달콤한 꿀을 가지고 온다던 곰,
꽁지깃이 멋진 제비 등 모두 내 생일잔치에 오지 않아."
"토끼야, 분명히 무슨 사정이 있어서 오지 못했을 거야."
"사정은 무슨 사정, 내가 싫어서 오지 않는 거야."

"자, 이거 받아."
생일상이 차려진 부엌으로 간 송이가 말했어요.
"이게 뭐야?"
"제비가 나보고 네게 전해 달라는 선물이야.
네 생일잔치에 오려고 추위를 참고 또 참았는데, 더 이상 참다가는
얼어 죽을 것 같다며 따뜻한 남쪽 나라로 떠났어."
"그랬구나. 그런 줄도 모르고 난……."
"다른 친구들도 제비처럼 무슨 사정이
있을 테니, 나랑 같이 찾아가 보자. 어때?"
"좋아."

송이와 토끼는 찬바람을 맞으며 곰을 찾아갔어요.
"드르렁드르렁, 쿨쿨!"
"그런데 이건 무슨 소리지?"
문틈으로 새어 나오는 소리에 송이와 토끼는 얼른
문을 열고 곰의 집으로 들어갔어요.
"곰아, 일어나. 어서 내 생일잔치에 와야지."
반가운 마음에 토끼가 곰을 깨웠지만,
곰은 계속 잠만 자는 게 아니겠어요?

곰은 겨울잠을 자서 추운 겨울을 나요

추운 겨울이 오면 곰은 먹을 것이 부족하고 추위를 견딜 수가 없어서
굴속에서 겨울잠을 자요. 곰처럼 겨울잠을 자는 동물에는 다람쥐,
박쥐, 뱀 등이 있어요.

"뭐야, 겨우 잠을 자느라고 내 생일잔치에 안 온 거야?"
밖으로 나온 토끼는 화가 나서 나무를 발로 찼어요.
"아야, 누가 날 차는 거야?"
"헉, 목련나무잖아. 미안해, 화가 나서 그만……."
"좋아, 이번 한 번만 용서해 줄게."
"고마워, 목련나무야! 그런데 가지에 달려 있는 게 뭐야?"

목련은 겨울눈으로 겨울을 나요

추운 겨울이 오면 목련나무와 같은 활엽수는 겨울눈으로
겨울을 나요. 따뜻한 봄이 오면 이 겨울눈에서 새싹이
돋고 꽃이 펴요.

21

"이건 겨울눈이야. 여기서 봄에 싹이 돋고 꽃이 펴.
토끼야, 그런데 왜 화가 났어?"
토끼와 송이는 목련나무에게 곰을 찾아온 이유를 말했어요.
"토끼야, 곰은 겨울잠을 자야만 내년에 너와 함께 놀 수가 있단다."
목련나무가 말했어요.
"맞아, 토끼야. 곰도 어쩔 수 없는 일이야."
목련나무와 송이의 말에 토끼는 화를 낸 것을 뉘우쳤어요.
"곰아, 올겨울은 푹 자고 내년에 만나자."

"왜 이렇게 시끄러워! 잠 좀 자자."
"응? 어디에서 나는 소리지?"
송이와 토끼는 주위를 두리번두리번했어요.
"내가 어디에 있느냐고?
바로 목련나무 옆에 있는 나무에 붙어 있잖아?"
"목련나무 옆?"
송이와 토끼가 옆에 있는 나무를 보니
가지에 번데기가 붙어 있었어요.

"에계, 호랑나비 번데기잖아?"

"뭐? 지금은 이래도 내년에는 아름다운 호랑나비가 된다고."

"호랑나비?"

"그래, 난 추운 겨울을 번데기로 나. 따뜻한 봄이 오면 예쁜 날개를 가진
호랑나비가 될 몸이라고."

"그렇구나. 못생긴 번데기라고 무시해서 미안해."

토끼는 번데기에게 사과했어요.

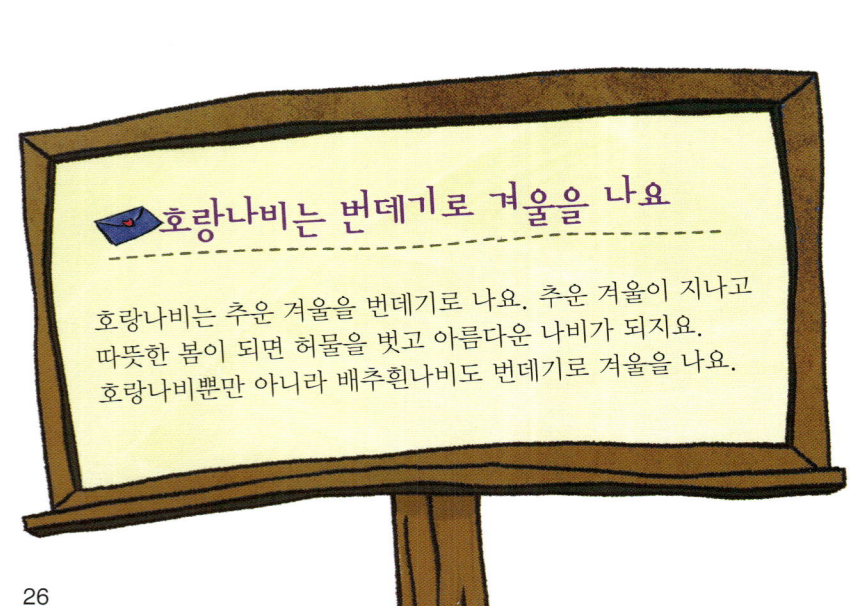

✉️ **호랑나비는 번데기로 겨울을 나요**

호랑나비는 추운 겨울을 번데기로 나요. 추운 겨울이 지나고
따뜻한 봄이 되면 허물을 벗고 아름다운 나비가 되지요.
호랑나비뿐만 아니라 배추흰나비도 번데기로 겨울을 나요.

그때 갑자기 바스락거리는 소리가 들렸어요.
송이와 토끼가 깜짝 놀라 뒤를 돌아보니 무서운 늑대였어요.
"으악! 느…느…늑대야. 송이야, 어서 도망가자."
송이와 토끼는 있는 힘을 다해 도망치기 시작했어요.
"송이 살려!" "토끼 살려!"
송이와 토끼는 살려 달라고 소리쳤지만 아무도
도와주지 않았어요.

드디어 늑대가 가까이 다가왔어요.
송이와 토끼는 겁에 질려 눈을 꼭 감았어요.
그때였어요.
"퍽, 퍽!" 하는 소리와 함께 숲속에서 돌멩이가 날아왔어요.
"아이고, 누, 누구야?"
돌에 맞은 늑대가 소리를 질렀어요.

그러나 돌멩이는 멈추지 않고 계속 날아왔어요.

"어이쿠, 안 되겠다. 도, 도망가자."

늑대는 송이와 토끼를 두고 도망을 갔어요.

"휴, 간신히 살았다! 그런데 누가 우리를 도와준 걸까?"

그때였어요.

숲속에서 털이 북슬북슬하게 긴 청서가 나타났어요.

"청서야, 고마워. 내 생일잔치에 오지 않아서 슬펐는데……."
"네 생일잔치에 가다가 그만 길을 잃었어.
하지만 그 덕분에 너를 구할 수가 있었잖아."
"그건 그래. 그런데 청서야, 털이 왜 이렇게 길어졌어?"
"응, 털이 길어야 추운 겨울을 따뜻하게 보낼 수 있거든.
아 참, 토끼야, 곰이 네게 보내는 생일 축하 편지야."

청서는 털갈이를 해서 추운 겨울을 나요

청서는 봄과 여름에는 털이 짧지만 가을이 되면 굵고 긴 어두운 색으로 털갈이를 해요. 특히 귀의 털이 매우 길어져요. 청서는 이렇게 털갈이를 해서 몸을 따뜻하게 하여 겨울을 난답니다.

"토끼야, 나 곰이야. 네 생일잔치에 가지 못해서 미안해.
따뜻한 봄에 다시 만나자. 그때까지 안녕!"
"난 이런 줄도 모르고……."
토끼는 불평만 한 자신이 부끄러웠어요.
"얘들아, 우리끼리라도 생일잔치를 하자!"
송이의 말에 청서가 큰 소리로 말했어요.
"좋아, 우리 신나게 생일잔치를 하자."

토끼네 집으로 온 토끼와 청서, 송이는 신나게 생일잔치를 했어요.
"생일 축하합니다. 생일 축하합니다.
사랑하는 토끼의 생일 축하합니다."
토끼는 친구들이 오지 못했어도 쓸쓸하지 않았어요.
친구들의 따뜻한 마음을 알았으니까요.
토끼는 친구들을 만날 수 있는 따뜻한 봄이 빨리 오길 빌었어요.

생물은 추운 겨울을 어떻게 나나요?

휘이잉! 찬바람이 부는 겨울은 날씨도 춥고 먹이도 구하기 어려워 생물들이 살아가기 어려운 환경이에요. 생물들은 저마다 이런 험난한 환경을 극복하면서 살아가지요.
생물들이 어떻게 추운 겨울을 나는지 알아볼까요?

✿ 겨울잠을 자서 겨울을 나는 동물

추운 겨울이 오면 개구리, 곰, 뱀 등은 겨울잠을 자요. 겨울잠을 자는 형태는 동물에 따라 달라요.
개구리는 겨울이 되면 바깥 온도가 내려감에 따라 체온이 내려가 겨울잠에 들어가요. 개구리는 몸의 기능을 완전히 정지시킨 상태에서 최소한의 생명 유지 장치만 가동하여 겨울잠을 자요. 대부분의 생명체는 이렇게 몸의 온도가 0도 이하로 떨어지면 체액이 얼면서 세포막을 찢어 버리기 때문에 죽게 되지만, 개구리의 몸속에는 일종의 부동액과 같은 성분이 있어서 완전하게 얼지는 않는답니다. 또 곰은 굴속에서 겨울잠을 자는데 물질대사가 30~35퍼센트

박쥐

낮아질 뿐 체온은 별로 내려가지 않은 상태에서 잠을 자지요. 또 자극이 있으면 활동을 하는데, 겨울잠을 자는 도중에 새끼를 낳아 젖을 먹여 기르기도 해요.
박쥐는 겨울에 체온이 기온 수준까지 내려가면 겨울잠을 자다가 그 이하가 되면 활동을 하여 체온을 높인답니다.

:☼: 알로 겨울을 나는 동물

곤충 중에는 추운 겨울을 알로 나는 것이 많아요.
무서운 곤충 사냥꾼 사마귀, 왕눈이 비행사 잠자리,
날개가 아름다운 부전나비는 모두 알로 추운 겨울을
나고 다음 해 알에서 애벌레가 깨어 나오지요.

사마귀 알집

:☼: 번데기로 겨울을 나는 동물

추운 겨울을 번데기 상태로 나는 것도 있어요.
호랑나비, 배추흰나비, 왕오색나비는 번데기 상태로 겨울을
나지요. 따뜻한 봄이 오면 번데기에서 하늘을 나는 예쁜
나비가 나와요.

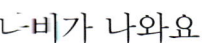
호랑나비 번데기

:☼: 털갈이를 하는 동물

청서, 개, 고양이는 털갈이를
해서 추운 겨울을 나요.
털갈이란 짐승이나 새의 묵은
털이 빠지고 새 털이 나는 것을
말해요. 털갈이를 하는 동물은
겨울이 다가오면 털이 빠지고
새 털이 나는데, 이 털은
겨울을 지내기 알맞게 길고
복슬복슬하지요.

청서

:☼: 겨울눈으로 겨울을 나는 식물

나무나 여러해살이풀은
겨울눈으로 겨울을 나요.
겨울눈은 식물이 겨울을 지내기
위해 만드는 눈으로, 여름부터
가을에 걸쳐 만들어요. 겨울눈은
봄에 새싹이 나올 수 있도록
겨울 내내 보호되지요.

참나무의 겨울눈

:☼: 푸른 잎으로 겨울을 나는 식물

소나무나 전나무, 잣나무 등과 같이 잎이 뾰족한
침엽수는 가을이 와도 단풍이 들지 않고 잎이 지지 않아요.
침엽수는 잎이 푸른 채로 추운 겨울을 난답니다.